NOTES

A

M. le Baron de V. P. MALOUET,

Ministre de la Marine et des Colonies, de Sa Majesté LOUIS XVIII, et ancien Administrateur des Colonies et de la Marine, ex-Colon de Saint-Domingue, etc.

EN

RÉFUTATION du 4ème Volume de son Ouvrage,

INTITULÉ:

COLLECTION de Mémoires sur les Colonies, et particulièrement sur Saint-Domingue, etc.

Publié en l'An X.

Par M. le Baron de J. L. VASTEY, Secrétaire du Roi. Membre du Conseil Privé de Sa Majesté HENRY 1er.

Au Cap-Henry, chez P. Roux, imprimeur du Roi.

OCTOBRE 1814, L'AN 11ème.

AVANT-PROPOS.

C'est dans l'instant où nous voyons s'agiter dans les Isles, en France et dans les Cours étrangères, cette tourbe de scélérats connue sous le nom de *Colons de St-Domingue*, qui, depuis des siècles entiers, n'ont pas cessé un seul instant d'être nos bourreaux et nos plus acharnés persécuteurs; c'est dans l'instant où nos plus cruels ennemis font tous leurs efforts pour parvenir à exécuter leurs criminelles entreprises, qu'ils se répandent en éloges (bien méritées, sans doute, de la part des Colons) en faveur de M. Malouet, ministre de la marine et des colonies, de Sa Majesté Louis XVIII, et qu'ils ont l'astucieuse audace de nous le le présenter comme l'Homme sur lequel nous devrions placer toute notre confiance, en ajoutant foi à ses promesses, comme si c'était (pour me servir de leurs propres expressions) *la Divinité même qui nous les faisait;* c'est dans une telle circonstance, qu'il importe que je fasse connaître aux Haytiens, qu'elle est la religion de cet Homme préconisé, élevé jusqu'aux nues par les Colons et leurs Adhérens.

Un Homme déjà en vénération parmi les Colons, par ce seul titre, doit être suffisamment signalé aux Haytiens, et reconnu pour être un de nos plus implacables ennemis; le considérant comme tel, nous aurions gardé le silence; mais on ose nous le représenter sous le couvert d'un homme libéral, juste, disposé à accueillir nos demandes, et à nous faire des grandes concessions; et dans quel temps, dans qu'elle circonstance on a l'impudence de nous faire l'apologie de notre ennemi déclaré ; c'est dans l'instant où les Colons ou leurs Agens, dans le délire de leurs passions, ont eu l'audace de dévoiler leurs criminels desseins ; ils osent le demander, ils ont même l'effronterie de nous le proposer, de rentrer sous le joug ignominieux que nous avons brisé à jamais ; ils ont l'impudence de parler de maîtres à des hommes libres depuis vingt-cinq ans, qui ont conquis la Liberté et l'Indépendance par la force de leurs armes, et en plongeant leurs bras ensanglantés dans le sein de leurs bourreaux.

Amis ! à ces noms, d'Esclave et de Maître, que rien n'arrête le courroux qui vous enflamme ; le tocsin de la Liberté a sonné !... Courez aux armes, à l'incendie, au carnage et à la vengeance ! Préparez-vous à faire une guerre d'extermination ! Il est digne de vous de cesser d'exister, plutôt que de cesser d'être Libres et Indépendans !

En attendant ce glorieux moment, que nous désirons avec ardeur, je vais essayer de vous faire connaître la perversité de nos ennemis ; je vais vous dévoiler leurs trames criminelles, en vous mettant sous les yeux les propres expressions de M. le baron de Malouet, ministre de Sa Majesté Louis XVIII ; vous y lirez le plan actuel du Cabinet français à notre égard, et les concessions libérales qu'il se propose de nous faire.

Avec le sens naturel qu'il a plu à la Divinité de nous gratifier, nous ferons nos efforts pour déjouer les trames perfides inventées par la mauvaise foi et la subtilité des hommes qui se croient impénétrables,

EN parlant du Régime Colonial , M. Malouet s'exprime ainsi : « *Cette Société , bien ou mal*
» *instituée, ne peut exister autrement que sur*
» *sa base, qui est l'esclavage* ».

Nous observons à nos lecteurs, qu'il y a vingt-six ans que M. Malouet a employé sa plume et ses talens pour démontrer la nécessité de maintenir ce système odieux ; depuis ce laps de temps, treize années se sont écoulées, ses opinions se sont renforcées, ses idées se sont étendues ; et loin de se départir de ses odieux principes, il en demande le complément : « *Il passe en axiome la*
» *consécration , la perpétuité de l'esclavage*
» *dans les colonies* ».

Voilà l'homme cependant en qui on ose nous dire d'avoir confiance et d'ajouter foi à ses promesses, comme si c'était Dieu même qui nous les faisait. Ces impies se jouent du *saint nom de Dieu* quant ils veulent tromper les hommes. Pouvons-nous oublier ces fameux blasphèmes ? *Vous êtes tous égaux devant Dieu et devant la République.*

PAGE 21.

« *Nous avons essayé de tout. L'esclavage*
» *illimité a produit une révolution; la liberté*
» *proclamée a produit tous les crimes , tous*
» *les malheurs. Arrivons enfin au régime*
» *des précautions* ».

Mais, M., il faut être conséquent ; si l'esclavage illimité, dites mieux, si les cruautés des colons ont produit la révolution, ce n'est donc point à la liberté à qui vous deviez imputer les crimes de la révolution ; c'est aux premiers auteurs de ces malheurs à qui vous deviez vous en prendre ; car sans leurs cruautés, il n'y aurait point eu de révolution ; par conséquent point de crime, et vous n'auriez point eu l'injustice de calomnier la liberté ; ce don du ciel.

Mais flottant entre vos passions et la justice, qui vous forcent de jeter de temps à autres quelques lueurs sur la vérité, j'ai remarqué dans divers passages de vos écrits et que j'aurai occasion de relever, cette incertitude dans vos idées ; soyez donc d'accord avec vos principes ?

Quoi, M., les colons se sont couverts de tous les crimes ! ils nous ont torturé, mutilé dans les tourmens les plus inouis, dont je ne vous en ferai pas le détail ici ; car vous êtes colon, vous devez les connaître mieux que moi ; et il n'y a pas de doute que vous en avez fait expérience ; ils nous ont, dis-je, livré aux plus affreux supplices pendant des siècles entiers, sans que nous pussions nous en plaindre ni en tirer une juste vengeance ; parce que depuis quelques années nous avons usé du juste droit de représailles, en leur rendant à peine la millième partie des supplices qu'ils nous ont fait éprouver pendant des siècles, vous poussez les hauts cris ! Pourquoi donc vous en plaignez-vous ? Après avoir répondu à vos calomnies, voyons maintenant votre régime des précautions.

PAGE 23.

« *Puisque le mot esclave nous représente un*
» *homme enchaîné, que l'appellation de non*
» *libre lui soit substituée! Qu'on achète le tra-*
» *vail, les services, et non la personne morale*
« *de l'africain* ».

Il faut que vous ayez perdu le bon sens, ou que vous soyez bien aveuglé par votre penchant et votre amour pour l'esclavage, d'oser avancer une telle absurdité ; car que signifient ces expres-sions, *esclave ou non libre ?* Qu'importe le nom, quant le fait existe ? Et c'est avec de pareils sophismes que vous prétendez tromper des hommes !

PAGE 32.

« *La révolution a transplanté des blancs*
» *aux noirs, la question de l'empire des An-*
» *tilles, et nos misérables rivalités doivent*
» *enfin s'effacer devant ce grand intérêt qui*
» *s'est évidemment développé* ».

La révolution n'a point transplanté des blancs aux noirs la question de l'empire des Antilles, comme vous voulez bien l'avancer. Hayti est une des îles de cet Archipel, et n'est point les Antilles ; il n'y avait que l'imagination d'un homme exalté qui pouvait avancer une pareille assertion ; quant on réfléchit, cependant, on démêle aisément le machiavélisme infernal qui a pu vus suggérer cette pensée ; pour se faire des pros. ytes, il fal-lait démontrer aux puissances qu'il est de leurs intérêts de contribuer à vous retirer de la position critique où vous vous êtes placé par votre propre faute ? Boute - feu révolutionnaire, vous avez allumé des feux que vous n'éteindrez jamais ! Vous parlez maintenant d'effacer vos misérables rivalités, vous qui avez été les seuls agresseurs, et qui avez porté la guerre et troubler le repos de l'univers entier !

« *Les colons de notre sang seront - ils*
» *égorgés jusqu'au dernier ou subjugués par*
» *les noirs ? car il est incontestable que tel*
» *est le plan des chefs de la caste africaine,*
» *résultat horrible, mais necessaire, de l'é-*
» *galité des droits, de la première doctrine,*
» *des premiers essais de la révolution* ».

Jamais donc, M., vous et les colons ne cesserez de calomnier les noirs ? N'est-ce pas au contraire cette caste infernale de colons qui nous a tenu sous un joug de fer pendant des siècles, et qui persévère encore avec autant d'acharnement que d'injustice, à nous ramener sous ce joug odieux ? N'est-ce pas eux qui ont mis à l'ordre du jour, prêché et organisé le massacre des noirs ? Hommes justes et impartiaux, répondez-nous ? des blancs ou des noirs, laquelle des deux couleurs a constamment subjugué, torturé et massacré l'autre ? Pourquoi donc nous imputer vos propres forfaits ?

PAGE 33.

« *Si nous ne pouvons nous défendre qu'en*
» *rétablissant la prépondérance de notre cou-*
» *leur et celle de la propriété, les européens*
» *ne sont-ils pas appelés à une confédération*
» *de leurs intérêts contre leurs ennemis na-*
» *turels* » ?

Pourquoi

Pourquoi appellez-vous à une confédération les puissances européennes contre le peuple haytien ? Quels intérêts auraient donc ces puissances à se coaliser contre nous ? Serait-ce pour devenir les complices de votre exécrable entreprise ? Serait-ce pour partager avec vous l'infamie et l'opprobre qu'elle répandraient sur la nation française, et qui la couvrirait d'une tâche ineffaçable dans les pages de l'histoire ? Quels seraient donc leurs buts en vous aidant dans cette injuste entreprise ? Serait - ce pour éprouver vos dangers, et partager avec vous les pertes immenses qu'entraîneraient une prétendue conquête, dont tous les fruits et tous les résultats ne seraient que pour vous seuls ? Que dis-je, pour vous seuls, mais qui vous donneraient un jour les moyens d'exécuter les affreuses vengances que vous méditez depuis des siècles contre cette brave et loyale nation britannique, dont vous osez nous ménacer ; contre cette même nation que vous avez tant de fois outragée et calomniée ; tout l'univers le sait, si la gloire et la puissance du peuple britannique n'avaient dépendues que des efforts et des vœux du peuple français, il y a long-temps qu'elles seraient descendues dans le néant où vous voudriez nous plonger ?

Pourquoi serions-nous les ennemis naturels de ces puissances ? Avons-nous jamais tenté d'envahir leurs territoires ? Avons-nous troublé la paix et le bonheur de nos voisins en livrant leurs états aux pillages, ou en incendiant leurs capitales ? Avons-nous violé le droit des gens, et profané tout ce qu'il y a de saint et de sacré parmi les hommes ? Avons-nous commis des actes arbitraires et vexatoires? Nous sommes-nous enfin immiscés directement ou indirectement dans leur régime intérieur et extérieur?

Pourquoi donc serions-nous leurs ennemis naturels? Au contraire, nous les avons accueillis dans nos ports; leurs sujets qui commercent avec nous trouvent sûreté et protection pour leurs personnes et leurs propriétés. Nous avons joint nos armes avec cette même puissance britannique pour vous combattre, et jamais le peuple haytien oubliera les services que les braves et loyaux bretons lui ont rendu, lorsque vous nous faisiez manger par les chiens?

Pourquoi donc serions-nous leurs ennemis naturels? Ah! cessez ce langage absurde; cette maxime atroce ne pouvait naître que dans l'âme d'un colon ou dans celles de ces démagogues, qui du haut de leurs tribunes, aux harangues, insultaient ainsi à la noble et généreuse nation britannique, qu'*ils appelaient leurs ennemis naturels?*

Cessez vos horribles blasphèmes? Cessez de calomnier indignement le genre humain! la Divinité a-t-elle créé les hommes pour se haïr et se détruire comme des bêtes féroces, comme vous vous le proposez de le faire à notre égard? Cette morale, infâme, cette pensée abominable et sacrilége, ne pouvaient naître que dans le cœur des colons; eux, qui sont les seuls ennemis naturels, les bourreaux et les persécuteurs du genre humain!

Quoi! vous avez donc oublié les outrages que vous avez faits à cette même nation britannique, à cette ennemie naturelle des français? Vous avez donc oublié cette haine irréconciliable, ces veugeances que vous avez exercées sur le peuple anglais; ces Etats-Unis d'Amérique, et tout récemment ce fameux Décret de Berlin, etc. etc. Cette nation serait bien bonne *de ne pas vous rendre la monnoie de votre pièce.*

Mais vous avez tout oublié; c'est sur cette puissance maintenant que vous fondez vos espérances pour nous réasservir, pour accomplir le dessein le plus affreux, le plus criminel qui ait jamais existé; et pour y parvenir, vous appellez tout le concours des puissances européennes; pour atteindre cet exécrable but, vous cherchez à semer, à exciter des méfiances, des inquiétudes, etc.

Qu'elle crainte, qu'elle défiance voulez - vous inspirer à ces puissances? Leurs sujets ont-ils à se plaindre des violences et des injustices que vous avez exercées sur nous? Les colons de leurs îles ont-ils commis les cruautés inouies, les crimes jusqu'alors inconnus aux humains? Ont-ils faits brûler, rôtir, griller et empaler vivans leurs infortunés esclaves? Ont-ils fait scier les membres, arracher les langues, les oreilles, les dents, couper les lèvres de leurs noirs? Ont - ils pendus des hommes la tête en bas, noyés, renfermés dans des sacs, crucifiés sur des planches, enterrés vivans, pillés dans des mortiers? Les ont-ils contrains de manger des excrémens humains? Et après avoir mis leurs corps en lambeaux sous le fouet, les ont-ils livrés vivans à être dévorés par les vers, ou jetés dans des ruches de fourmis, ou être attachés à des poteaux près des lagons pour être dévorés par les maringouins? Les ont-ils précipités vivans dans les chaudières à sucre bouillantes? Ont-ils fait mettre des hommes et des femmes dans

des boucauts hérissés de clous, foncés par les deux
bouts, roulés sur le sommet des montagnes,
pour être ensuite précipités dans l'abîme avec les
malheureuses victimes? Ont-ils faits dévorer les
malheureux noirs par des chiens antropophages,
jusqu'à ce que ces dogues, repus de chair humaine,
épouvantés d'horreur ou atteins de remords, se re-
fusassent à ne plus servir d'instrument à la vengeance de ces bourreaux, qui achevaient les
victimes, à moitié dévorées, à coup de poignard
et de bayonnette? Il n'en a pas été de même
dans les autres îles. Ces puissances et leurs colons
n'ont point commis de semblables atrocités; ils
ont été plus justes et plus humains, aussi sont-ils
paisibles possesseurs de leurs colonies, et les colons
de leurs biens? Vous en convenez vous même,
page 20 de vos Mémoires; lorsque la force de
la vérité vous arrache cet aveu, *que la paix,
la subordination se maintiennent dans leurs
colonies, parce que l'esclave est chez eux de
la famille;* si vous eussiez été justes et humains,
comme ces puissances et leurs colons, vous seriez
encore les paisibles possesseurs d'Hayti et de vos
biens. Vous n'eussiez pas attiré sur vous l'ani-
madversion du ciel et de la terre, si vous n'eussiez
pas été constamment nos bourreaux et les artisans
de vos propres malheurs.

Vous nous calomniez indignement, en nous
prêtant vos abominables intentions; nous voulons
égorger et subjuguer les colons de votre sang, dites
vous? Mais qui de nous ou des colons ont été constamment les persécuteurs? De quel côté ont toujours été les agresseurs? Pourquoi donc s'attacher
sans cesse à vouloir nous r'attacher au joug

ignominieux que nous avons brisé à jamais ? Pourquoi troubler notre tranquillité ? Les noirs ont-ils jamais traversés les mers pour envahir, enchaîner et détruire des blancs ?...

Restez-donc paisiblement dans vos contrées, et vous verrez si jamais nous irons troubler votre repos.

Vous donnez des conseils insidieux à ces puissances, en les engageant à se jeter avec vous dans une guerre injuste et désastreuse ; nous qui n'avons pas, comme vous, l'intention de les induire en erreur, nous leur dirons plutôt : « *Profitez du* » *commerce d'un peuple juste, bon, loyal et* » *hospitalier, dont vous jouirez des avantages,* » *sans avoir les charges de la conservation.* » *Nous vous dirions aussi que ce sont là vos* » *propres intérêts, si vous n'étiez aveuglés par* » *les passions qui vous subjuguent et vous en-* » *traînent* ».

Page 46.

» *Pendant que j'écris ceci, la paix générale* » *est proclamée, et le sang français coule* » *encore sous la zone torride. Un noir, un* » *muletier qui avait vieilli dans l'esclavage,* » *dispute la souveraineté de Saint-Domingue* » *au héros pacificateur de l'Europe ; son éten-* » *dard sanglant se déploie contre les enseignes* » *victorieuses de la République. Il permettait* » *aux blancs de vivre sous ses ordres dans* » *l'avilissement, il les égorge aussitôt que le* » *Gouvernement français veut reprendre sa* » *place dans la colonie* ».

Ce noir, ce muletier, que vous insultez impu-
demment, était un grand homme, dont la répu-
tation est au-dessus de vos calomnies. Si quelque
chose au monde pouvait atténuer l'énormité des
crimes commis sur sa personne, c'est d'avoir eu
trop de confiance en donnant sa protection à des
monstres d'ingratitude, tels que vous.

Mânes du vertueux Toussaint Louverture !
si du sein de la tombe où vous avez été précipité
par nos plus cruels oppresseurs, vous pouviez
entendre aujourd'hui le langage de ces infâmes
colons, que votre bon cœur et votre attachement
à la France vous avaient porté à accorder une
protection qui était même injurieuse pour vos
semblables ; si, dis-je, vous entendiez le langage de ces colons qui vous entourraient et
vous accablaient de leurs basses flatteries ; quels
regrets n'auriez-vous pas d'avoir ajouté foi un seul
instant à leurs adulations, d'avoir été la dupe de
leurs perfides conseils, pour devenir leur victime,
et ensuite votre mémoire livrée à leurs calomnies
les plus amères !

PAGE 46.

« *Le voilà donc connu ce secret plein d'hor-*
» *reur : la liberté des noirs, c'est leur domi-*
» *nation ! c'est le massacre ou l'esclavage des*
» *blancs, c'est l'incendie de nos champs, de*
» *nos cités* ».

Quoi ! M., vous êtes français, et qui plus est
colon de Saint-Domingue, et vous osez nous
parler de crimes, de massacres et d'incendies ;
sont-ce donc les noirs seuls qui en ont été les
auteurs ? Lisez donc le vocabulaire effroyable de

vos forfaits dans les deux mondes ; les peuples les plus barbares, les hordes même les plus éloignées de la civilisation, ont-ils commis de pareilles atrocités ? ...

Les nombreuses et innocentes victimes livrées sous le tranchant de la guillotine sans distinction d'âge ni de sexe, sans égard pour les services rendus à la patrie, au rang et à la vertu, vous avez tout immolé impitoyablement. Le meurtre de l'infortuné Louis XVI et de sa famille ; les assassinats juridiques des d'Estaing, des Malesherbes, des d'Enghien, des Brissot, des Pichegru ; la mort déplorable du célèbre Lavoisier, qui sollicita en vain un sursis de quelques jours, qui lui aurait donné le temps d'achever des découvertes utiles au genre humain ; les massacres de Septembre, de Vendémiaire et de S. Jean d'Acre ; les affreux baptêmes et mariages républicains ; l'expédition horrible des chauffeurs, le mitraillement de Lyon, la désolation de l'Espagne, l'incendie de Moscou, tous les genres de barbaries exercés sur nous et dans les pays où les phalanges françaises ont porté leurs pas, sont-ils l'ouvrage et du fait des noirs ? Il ne vous appartient même plus de reprocher à aucun peuple des excès auxquels il se soit porté ; vous avez perdu ce droit ; on trouvera chez vous des hommes qui ont surpassé en cruauté et en scélératesse tous les monstres que l'histoire nous présente des temps antiques et modernes. Désormais on ne citera plus les crimes des Phalaris, des Caligula, des Néron, et de tant d'autres scélérats qui fourmillent dans les annales des nations ; on trouvera chez vous de plus grands et de plus affreux modèles ! ...

PAGE 47.

« *Après la conquête, qui aura lieu très-*
» *probablement ; on s'occupera sans doute*
» *de la restauration* ».

Cette prétendue conquête, objet de toute votre
sollicitude, ne s'effectuera pas plus à la seconde,
qu'à la première tentative. Ainsi, M., tranquil-
lisez-vous, ne vous mettez point martel en tête
sur des moyens illusoires de restauration que
Sa Majesté HENRY Ier a déjà réellement effectuée
sans vous ni vos moyens.

PAGE 50.

« *Il faut savoir en politique, comme dans la*
» *vie civile, se mettre à sa place et s'y tenir* ».

Jamais, M., vous n'avez prononcé une plus
grande vérité, pour la première fois je tombe d'accord avec vous, et vous félicite sur la sagesse de
ce principe ; mais comme je vous l'ai déjà dit,
vous errez d'incertitudes en incertitudes, soyez
donc d'accord avec ce beau précepte, il faut
savoir en . . . .

Laissez-nous donc jouir paisiblement du sort
heureux ou malheureux, où le destin nous a
placé ; et vous, M., votre place et celle de tous
vos compatriotes, c'est de rester dans le beau pays
qui vous a vu naître, dans cette belle France ;
tenez vous-y, ne vous inquiété pas de notre des-
tinée, alors je serai votre apologiste.

PAGE 5I.

« *De toutes nos colonies , la plus impor-*
» *tante, celle qui nous valait plus que les*
» *mines du Brésil et du Pérou, Saint-Do-*
» *mingue , est dans un état déplorable ».*

Voilà toujours le sujet de vos éternels regrets !
Saint-Domingue, la plus belle de vos possessions
d'outre-mer , la reine des Antilles , celle enfin qui
vous valait plus que les mines du Pérou et du Brésil,
la perte de ce pays vous cause d'horribles convul-
sions, et dans les transports de votre rage , vous
vous perdez en vaines déclamations ; mais qu'a-
vez-vous fait pour conserver ce beau pays ? Tout
ce qu'il fallait pour le perdre à jamais, si vous
avez pleinement réussi , si vous en êtes les moteurs,
pourquoi vous en plaignez - vous ! ...

PAGE 51.

« *On estime que sur cinq cents mille nègres*
» *de tout âge et tout sexe , il a péri par le fer,*
» *depuis dix ans , près de deux cents mille*
» *mâles ».*

Vous jetez un regard de complaisance sur notre
population, pour dire emphatiquement qu'il a péri
par le fer deux cents mille haytiens ; mais les
français n'ont - ils pas éprouvé aussi des pertes ;
vous auriez dû commencer par les récapituler ?
Où sont les innombrables victimes qui ont péri sous
la hâche révolutionnaire ? Qu'est devenue la population de la Vendée ? Lyon, enfin tous les français
égorgés par des français. Où sont vos belles et

C

nombreuses armées ? Allez dans les sables brûlans
de l'Egypte ; venez dans nos climats dévorateurs
des européens, allez en Espagne, en Italie, en
Allemagne, et enfin dans les climats glacés de la
Russie, vous y trouverez les vestiges de leurs
os blanchis sur la poussière. Cinq millions de
vos compatriotes, qui ont *péri par le fer*,
auraient dû vous apprendre à ne pas vous réjouir
des pertes des haytiens.

C'est en vain que vous nourrissez un criminel
espoir sur l'affaiblissement de notre population ;
nous n'ignorons pas que plus d'une fois vous
avez contribué à nos dissentions intestines ; nous
connaissons le machiavélisme qui vous dirige ; et
qu'importe que nous ayons perdu deux cents mille
hommes ? Espérez-vous pour cela nous vaincre ;
il en reste assez pour terrasser les hordes que la
cupidité et l'aveuglément des conquêtes pourraient
encore jeter sur nos plages.

PAGE 54.

« *Tout ce qui a pris part à la révolte, tout*
» *ce qui sera pris les armes à la main doit*
» *etre, à mon avis, proclamé esclave et ren-*
» *voyé à la discipline la plus sévère de leurs*
» *ateliers respectifs, en exceptant les chefs*
» *les plus coupables et les individus connus*
» *comme dangereux, lesquels seront sans*
» *doute punis de mort ou déportés* ».

Dignitaires, officiers généraux, officiers, sous-
officiers, hommes sages et éclairés, voilà le sort
qui vous est réservé, la mort ou la déportation !
Soldats, encore plus malheureux, votre arrêt est
prononcé ; vous êtes destines à être proclamés

esclaves ; et Malouet demande que l'on vous préparent des fers et des tourmens affreux. Cultivateurs et cultivatrices votre sort est plus que décidé, par celui des officiers et soldats ; on veut vous replonger dans les chaînes de la servitude et vous livrer aux tortures qu'ont éprouvé nos pères pendant des siècles entiers. HAYTIENS ! vous l'avez entendu, voilà les concessions libérales do M. Malouet, la mort et la déportation des uns, les fers de la servitude et des tortures aux autres. Vous l'avez entendu, toujours le même plan d'esclavage et de destruction agitera cette caste impie ; jamais les colons n'auront d'autre pensée que celle de nous réasservir ou de nous rayer du nombre des vivans, mais si la soif de notre sang les dévorent, si notre existence est un tourment pour eux, qu'ils se réunissent ces colons et ces marchands de chair humaine ; qu'ils viennent donc mettre à exécution leurs exécrables projets. Animé par une juste vengeance , nous leur ferons éprouver le même sort qu'ils nous préparent.

Mais ces lâches ne viendront pas ; ils se tiendront derrière le rideau, et précipiteront dans le danger, les européens étrangers à leurs intérêts et à leurs projets de vengeance ; ces malheureux , jouets des intrigues et des passions des colons, viendront s'ensevelir encore dans nos climats destructeurs des européens, *et la colère des enfans d'Hayti les dévoreront, comme le feu dévore la paille de nos cannes déssechées.*

P. 56.

« *Il ne faut pas considérer les nègres comme*
» *un corps de peuple aspirant à l'indepen-*
» *dance, et collectivement occupé des moyens*
» *d'y parvenir. Cette espèce d'hommes est au*
» *contraire naturellement disposée à l'obéis-*
» *sance. Ils ne sont redoutables dans leurs*
» *révoltes que parce que ceux qui parmi eux*
» *en conçoivent le plan, étonnent et subju-*
» *guent leurs camarades par une plus grande*
» *énergie, et se font obéir ensuite aveuglé-*
» *ment de la multitude, qui brûle, massacre*
» *par leurs ordres, comme ils labouraient*
» *ci-devant au commandement d'un blanc* ».

Comment peut-on calomnier aussi indignement
et avec autant de mauvaise foi que d'injustice,
une partie du genre humain ? N'existe-t-il pas en
Afrique une infinité d'empires, de royaumes et
d'états indépendans ? Mais si ce paragraphe ne
concerne que les haytiens, n'est-il pas réfuté vic-
torieusement par le fait même ? Ne sommes-nous
pas indépendans ? Depuis onze ans n'avons-nous
pas exercé dans toute sa plénitude les droits que
les nations indépendantes ont de se créer leur
gouvernement et de se donner des lois qui leur
conviennent ? Dans qu'elle contrée de la terre
aucun peuple a fait de plus rapides progrès dans
les lumières et dans la civilisation ? Il n'en n'e-
xiste point d'exemple. Si dans nos premières
années nous avons erré avant d'atteindre l'expérience et le point de maturité nécessaire pour nous
donner un gouvernement stable, nous avons eu
cela de commun avec tous les peuples ; et ce n'est

pas aux français à nous reprocher des erreurs politiques ; si les noirs sont naturellement disposes à l'obéissance , ce n'est point encore aux français à nous le reprocher. Quel peuple depuis vingt-cinq ans a donné plus de preuves d'obéissance ? Comment donc s'est conduit cette multitude aveugle pendant la révolution et sous les differens gouvernemens qui se sont succédés ? Les français n'ont - ils pas servilement obéi et encensé les assemblées et conventions nationales ? Les meneurs de ces assemblées populaires , n'ont ils pas été leurs idoles ? N'ont-ils pas obéi et adulé tour à tour les Robespierre , les Bonaparte ? Et aussitôt renversés , ne les ont-ils pas exécrés après les avoir élevés au pinacle de la gloire et de la renommée ? Que font-ils maintenant ?

Après avoir rendu le souverain actuel, fugitif, errant dans les cours étrangères , immolé sa famille après l'avoir diffamé , villipendé , ils l'entourent , l'obsèdent par les flatteries les plus basses et les plus viles ! S'il le renverse de son trône [car on ne peut rien compter sur ce peuple versatile]; ceux même qui le comble d'adulations , seront les premiers à le diffamer et à le r'abaisser , avec encore plus d'empressement qu'ils ne l'avaient élevé et préconisé.

PAGE 56.

« Il est bien vrai que la révolution et l'ha-
» bitude des armes ont développé chez plu-
» sieurs de ces nègres une audace et des
» facultés dont ils ne se doutaient pas eux-
» mêmes ».

La révolution a produit les mêmes effets chez nous que chez vous ; mais à sens *inverse* ; la révolution vous a porté à commettre tous les crimes ; elle vous a enseigné à violer tout ce qu'il y a de saint et de sacré parmi les hommes ; elle vous a inspiré l'audace de porter vos pas dans les régions les plus éloignées ; elle vous a fait commettre des agressions et des injustices dont vos ancêtres n'en avaient pas même conçu l'idée.

La révolution nous a rendu à la liberté, à la première dignité de l'homme ; elle nous a éclairé, épuré nos mœurs, développé nos facultés intellectuelles ; c'est elle enfin qui, dans les combats, a fait disparaître la prétendue supériorité de votre espèce ; la révolution nous a élevé et placé au rang des nations civilisées, au lieu qu'elle vous a avili et dégradé en vous faisant descendre au rang des peuples les plus barbares.

Si vous doutez de notre audace et de notre valeur, demandez aux restes échappés de l'armée française, s'ils en existent encore ; ils vous diront si nous savons nous battre, si nous avons des facultés ; nous leur en avons donne des preuves irrécusables, que vous-même ne pourrez révoquer en doute ?

PAGE. 57.

« *Mais la masse sera toujours la même,*
» *facile à contenir par une discipline vigou-*
» *reuse et de bons traitemens : il ne faut donc*
» *ni s'effrayer des difficultés, ni se relâcher*
» *jamais sur les précautions nécessaires ; et*
» *l'ordre se rétablira, se maintiendra* ».

Jamais la masse des haytiens, ni aucun d'eux se soumettra à votre exécrable discipline et à vos abominables traitemens ; aucun de nous ne survivra à la perte de notre liberté et de notre indépendance ; vous pouvez tout entreprendre et ne point vous effrayer des difficultés ; vous pouvez inventer encore de nouveaux moyens de destruction ; vous nous trouverez toujours inébranlables ; toujours prêts à repousser vos suggestions perfides, toujours prêts à vous faire subir le même sort que vous nous préparez ; la mort, accompagnée des plus horribles circonstances.

PAGE 60.

« *On dit qu'il faut tromper les hommes pour*
» *les gouverner ; maxime absurde, et qui sera*
» *plus dangereuse à l'avenir que par le passé :*
» *car nous arrivons sensiblement au besoin de*
» *la vérité, de la raison et de la force ; il n'y*
» *a plus de prestige* ».

Puisque vous êtes convaincu de cette grande vérité, comment pouvez-vous admettre dans votre régime des précautions ces puérilités : *esclave ou non libre*, cette misérable cocarde qui serait la récompense de ceux qui auraient la lâcheté de rentrer dans les chaînes de l'esclavage, pour les distinguer des esclaves punis ? Comment, il n'y a plus de prestige, et vous osez, dans le délire de vos passions, proposer à des hommes libres qui jouissent pleinement des droits naturels, civils et politiques, d'échanger ces droits éternels et imprescriptibles, contre des substitutions de mots, des cocardes, des babioles propres tout au plus à amuser des enfans. Détrompez-vous, M., de la fausse opinion que vous vous êtes faite du peuple haytien ; depuis vingt-cinq ans nous avons brisé les entraves qui comprimaient nos facultés ; ce peuple n'est plus celui que vous avez connu jadis ; nous nous appelons maintenant *Monsieur*, nous avons un grand Roi, que nous chérissons ; des Princes, des Ducs, des Comtes, des Barons, des Chevaliers, des Officiers Généraux, des Administrateurs, des Juges, etc. Ce peuple est maintenant arrivé au *besoin de la vérité, de la raison et de la force*; ce n'est plus avec des prestiges et des vaines promesses que vous pourrez l'abuser ; c'est en vain que vous ferez jouer tous les ressorts de la politique, de l'intrigue et de la perfidie ; vous le trouverez toujours inaccessible à la séduction.

Je ne poursuivrai pas d'avantage ce commentaire ; j'en ai assez dit pour l'instruction de mes concitoyens et pour repousser vos calomnies, en rectifiant les erreurs auxquelles vous vous êtes laissés entraînés ; mais avant de prendre congé de vous, ô Malouet ! souffrez que je vous donne une fois et pour toujours notre *sine quanon*, car nous sommes en garde contre tous les piéges que vous pourriez nous tendre, vous et vos *pareils*. C'est la reconnaissance de notre indépendance qu'il *nous faut* ; c'est elle qui peut nous garantir la possession et la jouissance de nos droits civils et politiques ; c'est elle qui peut nous garantir à jamais de l'oppression de vos tyrans ! Sans cette base préalable, point de traité, point de composition ; nous voulons être libres et indépendans ; et nous le seront en dépit des infâmes colons ; car la garantie de notre indépendance est à la pointe de nos bayonnettes !

F I N.